JN441326

따뜻함은 남는다

詩 集 #2
따뜻함은 남는다
박미령
이음과펼침

시인의 말

매일같이 밥을 짓고
손님들을 맞이하며
삶의 열기를
그릇에 담는 일을 하고 있다.

시를 쓰는 일은
말하지 못한 마음을
꺼내 치유하고
생활에서 틈틈이
자신을 바라보는
시간의 기록이었다.

손끝 인심

목차

김밥

문을 열면
할머니의
환한 미소

손끝에 김 한 장
노란 계란
여러 재료들

형형색색
서로를 꼭 안아
단단해진 한 줄

남편의 뒷모습

가게 안
불빛 아래
김 오르는 저녁

기름 냄새 밴
옷자락
피곤해도 내색 없이

어깨에
내려앉은
가족의 무게

시어머니의 웃음

어깨 너머
자라는 아이들
눈이 먼저 웃는다

손자들의 웃음소리
방을 채울 때
집 안에 번지는 미소

남편의 어제와
손자들의 지금을
묵묵히 지켜준 어머니

다정히 건네는 말씀
그 곁에 쌓이는 격려
너무나 감사합니다

보금자리

따뜻하고 아담한
꼭 맞는 집

마음을 감싸는
창가의 빛

피로는
말없이 사라지고

새로움의
에너지를 채워주는 곳

이웃사촌

마주치는
인사마다 밝다

외롭지 않게
내밀어 주는 손

나이 성별 관계없이
마음은 같은 온도

짧은 안부 속
흐르는 온정

한 그릇

문을 밀고 들어오는
발걸음을 반기는 곳

익숙한 자리, 익숙한 메뉴
서로가 믿는 곳

특별함은 없어도
서로의 감사함이 부딪힌다

어제보다 나은 한 그릇
만족하는 미소

새벽의 손길

눈이 오나 비가 오나
같은 시간 문을 열고

거리를 쓸어 주시는
묵묵한 손길

깨끗한 거리에서
새롭게 시작합니다

묵묵히 일하는 모습
수고를 기억합니다

약침

팔이 아파
한의원을 찾은 날

맥을 짚고
침 한 자루에

쌓였던 통증이
가벼워지고

팔이 좋아져
건강해짐에 감사한다

친구의 소식

건강 때문에
일에서 물러선 소식에
마음이 흔들린다

아직은 열심히
일할 거라 믿었기에
더욱 아쉽다

휴식을 통한
치료와 복귀가
빠른 시간에 되기를

아버지의 시간

아빠의 폐렴 소식에
심장이 내려앉았다

이제는 연로하셔서
더 걱정이 된다

호흡 한 번에도
힘겨우심이 보인다

바람

여름에는 차갑게
겨울에는 따뜻하게

저절로
계절을 읽는 존재

필요한 온도로
지켜주는 공간

열을 내리고
추위를 감싸줄 일터

흰머리

거울 앞
어느새 내려앉은
은빛의 물결

언제 다가왔는지
소리 없이
머물러 있다

검은 물결 가득한
젊은 날의 이마 위로
하얀 서리가 내리고

붙잡지 못한 시간이
머리 위를 지나며
나를 흔든다

가풍

큰소리가 아니라
밥상머리의 낮은 목소리

책장 속 글자가 아니라
사람을 대하는 눈빛

크게 외치지 않아도
자연히 이어지는

피보다 진한
조상님의 가르침

쌀밥

하얀 쌀
아침 목욕하고

그 아래로
펼쳐지는 화덕

솥 안에서
부푸는 시간

김 오름 따라
온 숨이 부엌 가득

벙거지 모자

추운 겨울에 맞서는
장수의 투구처럼

내 머리의
검은 벙거지

예전엔
번거롭던 물건이

지금은
없어서는 안 되는 것

부추

찬 기운 가득할 때
땅의 온기를 품어
푸르른 부추

살짝 매운 기운
잎 안에 향을 남기고
마음을 풀어주는 풀

가느다란 잎 하나
숨겨진 힘이
온몸을 감싼다

김치

모두가 아는 맛이지만
매번 다른 맛을 내는
평생을 먹어오던 김치

흙 따라 다른 것인지
계절마다 다른지
양념 때문인지

소용없는 레시피를
또 외워도
결국 다른 맛의 김치

부부

희망의 길을 바라보며
찾아가는 삶의 질문을 나누고

다르지만
가장 가까운 타인

도와주는 손길과
내어주는 어깨

마음속 가득
깊은 위로가 된다

돌솥알밥

밥 위에 흩어진 알
톡, 톡 튀는 작은 행복

향긋한 버터
고소하게 퍼지면

굳어 있던 하루가
녹으며 풀린다

떠올릴 때마다
흐뭇해지는 향기

부대찌개

여러가지 소시지
한 그릇에 담아

모양은 제각각
서로가 섞여서

풍부해진 국물 맛
어울림의 조화

용기

희망이 쌓이면서
사라지는 어제의 걱정

변화를 꿈꾸는
용기 있는 사람들

다잡아야 할
마음속 각오

부딪히는 현실 속에
계획을 수정한다

눈 오는 날

하늘이 조용히 내리는
포근한 안부

거리 위에 내려앉은
하얀 숨결

차갑지만 맑은 공기
시원해지는 가슴

골목길 가게

간판조차 잠든 새벽
주방은 홀로 밝다

노오란 빛 한 줄기
새벽을 적시고

그 밝은 불빛 아래
오늘도 멋진 시작

분주한 손길로
새로운 하루를

초콜릿 반쪽

검은색 초콜릿
건네는 손

절반은 당신
절반은 나

달콤함이 먼저
눈인사로 답하고

이만하면
행복한 관계

우산꽂이

문 앞에
우산꽂이 하나

떨어지는 물기
묵묵히 받아주고

잠시 기댄
젖은 우산들

조용히
주인들 위해 대기

물 한 모금

차가운 물병
투명한 물방울

손끝의 시원함
목을 적시는 흐뭇함

땀 흘린 노고 뒤에
위로의 존재

선택의 길목

세상은
늘 그렇다

위험하지만 빠른 길
느리지만 안전한 길

우리는 늘 선택을 한다
어딘가에 서 있다

무엇이 나을지
빠름인가, 안전인가

산책로

나란한 나무들이
걸음을 지켜보는 곳

발목까지 오르는
잔디가

발길 따라
누우며

잠시 걷는 여유에
기쁨까지 더한다

고무장갑

빨간 고무장갑
내 손을 감싸주고

부어있는 맨손에는
붉게 피는 통증

빠름은 즐거워도
뒤늦게 아린 상처

설거지가 끝나고
벗으며 감사

김한장

얇은 종이처럼
그 안에 새겨진 물결

바다향에 젖어
코끝으로 데려온

바삭한 식감에
부서지는 파도

가보지 못한 그 바다
사각형의 모습

어른

말수 없이
타인의 마음을
헤아릴 줄 아는 아이

가끔 토라져
입술은 삐죽거려도
내게로 달려와

따뜻한 희망을
가르쳐 준
어른스러운 아이

언니

엄마가 비운 자리
채워주는 사람

계속되는 잔소리
총알 사랑

등을 돌려도
안아주는 시선

안쓰럽게 바라보는
언니의 걱정

고마운 사람

낯선 자리일텐데
우리 가족을 먼저 챙기고
한발 앞서 마음을 쓴다

아픈 엄마를
정성으로 돌보던 모습이
지금도 생생하다

우리 가족이 되어준
따뜻함이 참 고맙다
그 은혜 어찌 갚을지

오빠

말은 많지 않고
표현도 서툴지만
언제나 같은 곳에 머물고

무뚝뚝해 보여도
누구보다 따뜻하고
가족 일이 최우선

사랑을 티내지 않아도
우리 집을 묵묵히 지켜주는
울타리가 되어준 오빠

아들과 딸

엄마의 기색을
먼저 살피던 딸이었는데

지금 내 곁엔
아들 셋의 발자국만

말은 짧고
등은 넓은 아이들

딸 하나 있었으면 하는
작은 바람이 스치지만

아들을 통해
듬직 사랑을 배운다

귀인

걸음을 재촉하기 보다
곁에서 빛을 비추시는 분

정답 대신
질문을 건네시고

짧은 말씀마다
기준이 되어 주시는 분

스스로 일어나기를
기다려 주시는 눈빛

그 은혜로 살아가는
우리 다섯 식구

기억 속의 엄마

기억 속의 엄마는
항상 함께 계신다

김 오르는 냄비에서
나를 부르는 목소리

잔소리 같은 말씀들
이제서야 포근하고

그리움에 사무치면
온 세상이 나의 엄마

빨래

거품이 피어오를수록
하루의 흔적
서서히 지워진다

빠르게 도는 세탁기 속
오늘의 고민들도
함께 지워지고

건조기 속을 도는 빨래
리듬을 맞추며
시간을 선물한다

가로수 길

가로수 길
그 이름만으로도
먼저 뛰는 심장

빈손으로도
모든 것을 가진 것 같았던
젊은 날의 꿈결

그 길 위에
피워낸 추억은
함께 일군 가정의 거름

흐릿함

안경을 벗으면
물 위에 번진 수채화 세상

선명함을 못 보는
나이듦의 서러움

흐릿함은 자상함
상처 모서리

보이되 다 보지 않고
분명하지 않아

희미함이 허락한
그만큼의 세상을 담는다

열쇠

모든 사람의 마음을
열 수 있는 열쇠가 있다면
얼마나 좋을까

사람의 마음은
자물쇠가 아니어서
힘으로 돌린다고 열리지 않고

나는 안다
내 안에 열쇠를 만드는 일이
먼저라는 걸

설날

어릴 적 설날은
세뱃돈의 기대로 설레던 날

사촌들의 웃음꽃이
피어나던 시간

이제는 내가 전을 부치며
떡국을 끓인다

아무 걱정 없이
웃고 떠들던 그때 생각

외갓집

외갓집은
시간이 천천히 흐르는 곳
마루 끝에 앉으면
어릴 적 내 이름이
아직도 불린다

먼 길을 돌아와도
괜히 눈물이 나는 곳
외갓집은
나이를 잊은 채
아이로 돌리는 자리

늦은 안부

늦은 인사는
언제나
아쉬움이 남는다

작은 아버님의 장례식
끊겼던 소식
들려오는 부고

미루던 안부를
떠나신 뒤에야
여쭙니다

충고

내가 고른 길만
중심이라고

떠밀려선 안 된다고
더 흔들리던 내가

외면하려는
충고들 앞에

무너지는
내 중심을 잡은 자의

음식 조각

가게 앞 음식 조각들
가끔은 참새가
어떤 날은 비둘기가

보잘 것 없는 한 조각에
커다란 까마귀가
바람을 일으키고

모여들었던
작은 새들
몰아내며 주인행세

달라지는 맛

요거트 한 숟갈
떠오르는 어릴 적 신맛

낯설어 몰래 뱉어내던
그 미끈한 감촉

모를 땐 이상했고
지금은 상큼하기만 하다

세월이 바꾼
나의 입맛

USB

주머니 속에 작은 조각
흩어져 있던 기록들
뭉쳐오면

무엇보다
값진 것은
돌려받은 옛 추억

작은 연결 하나로
수십 년이
한 순간에 펼쳐진다

비로소

공원의 운동기구
고철들의
방치된 조각품

아프고서야
알았다
미리 준비된 배려

건강을 회복하며
알게 되는
준비된 관심들

눈꺼풀

졸음이 밀려오면
눈꺼풀은
하루의 무게를 잰다

즐겁게
일하는 날엔
가벼웠는데

힘겹게 달린 날에는
밤처럼
내려앉은 눈꺼풀

삶은 달걀

요란한 소리를 내며
세상을 향해 튀는 삶도 있지만

끓는 시간을 견디며
속을 익히는 삶도 있다

지속된 열기가 만든 모습
깨지지 않는 계란처럼

고독

생각을
층층이 쌓게 하는 고독

사소한 불안에도
우물처럼 깊어지는 근심

외로움이 싫어서
스스로가 벗이 되는

생존의 열망이
만들어내는 고독

진실

진실이라 믿는다고
믿음이 사실은 아닐 수도 있다
나의 착각일지도

나를 점검하면서
무지함의 정도가 빚어내는
수많은 오류를 생각해 본다

드라마

남의 이야기인 줄 알았는데
TV 속에
한 장면이 있다

울고 웃는 모습 속에서
끝난 줄 모르는
삶의 모습들

내 삶을
대본으로 썼는지
놀라서 바라보고 있다

여행

여행은
생활을 벗어나는 일

익숙함을 떠나
낯선 공기 속으로

나를 바꿔서
새롭게 만드는 기회

경험한 적 없는
다른 곳에서

또다시 배워가며
나를 확인하는 시간

장충체육관

둥근 지붕 아래
땀과 박수
순간의 승부가
한 공간에 섞이고

코트 위 하나 가득
선수를 비추던 빛
내 심장도
같은 박자로 뛰고

모두가 빠져드는 몰입
누가 선수이고
관중인지
열띤 응원이 가득찬 곳

주점

낡은 나무 탁자 위
세월이 먼저 앉아 있었고

부딪히는 소주 잔에
서로의 이야기가 깊어지고

웃음과 한숨이
안주로 나오던 곳

종로의 밤
낡은 전구처럼 흐릿한 기억

손님

문을 열고 밝은 희망으로
들어오시는 순간

우리의 의욕은 치열하고
바빠진 손길따라

희망의 마음을 채우느라
이마에는 땀방울이

화덕에는 정성을 올리고
활기찬 식당을 만든다

마음

성공을 품은
마음이 먼저
가능성을 믿는다

몸은 마음 따라
한 걸음, 또 한 걸음
현실이 되고

욕심을 줄인다는
성공은
더 부푼 가슴에 멈춘다

칼

날은 차갑고
손은 뜨겁다

망설임 없이
그러나 정확하게

한 번의 내리침에
질서가 생긴다

주도권

인정하는 순간
사라지는 변명

남 탓 없는 자리에서
보게 되는 방향

책임을 갖는 곳에
함께한 주도권

최선의 의욕이
성장의 나를 만든다

반복

같은 실수를
다시 저지른다면
실수가 아니다

이미 알면서도
되풀이했다면
그건 선택이다

습관이라는 변명으로
내가 허락한
실패의 밑거름

청계산

아침 안개가 걷히고
발걸음마다
풍기는 흙 냄새

어깨를 감싸고 도는
포근한 바람
편안한 산행길

푸르름 속에
맡겨지는
가벼워진 삶의 무게

보리밥집

빛 바랜 오래된 간판
보리밥 한 그릇에
산나물 몇 가지
고추장 한 숟갈

고소한 참기름
어우러지는 옛 기억
모인 손님 모두
소박한 식탁에 앉은 가족

세상살이

한 만큼 내어주는
분명한 세상살이

불평할 수 없는
정확한 균형

오로지 내 힘으로
남탓 없이 살아가야

얻게 되는
세상살이의 지혜

사람의 의미

좋은 사람은
행복을 남기고

어려운 사람은
경험을 남기고

최악의 인연은
교훈을 남기고

최고의 사람은
추억을 남긴다

비움

채우려 애쓸수록
마음은 더 무거워지고

비우는 것은
다시 처음이 되는 것

하나를 놓아야만
원하는 것을 가질 수 있는

나의 한계를 아는
비움의 기술

성공

보이지 않는 자리에서
수 없는 반복 동작

방향을 놓지 않는
집중의 눈

넘어진 곳에서
다시 딛고 일어나는 용기

실력이 쌓이는 삶에
다가오는 성공

이기심

작은 방 안에
나를 가두고

내 것만 밝히다가
주변을 어둡게 한다

손에 들어온 게 넉넉하면
마음은 더 메마르고

이기심을 없애야
풍요로운 마음

행복

행복은 결과가 아니다
걸어가는 과정이다

목표를 향해 가는 중
이미 와있는 행복

나아진다는 믿음이
만들어내는 새로운 에너지

계절밥상

상 위에다
계절을 펼친다

봄은
나물로 오고

여름은
딸기로 피고

가을은
감으로 붉고

겨울엔
군밤이 따뜻하다

남한산성

산성 길에는
내 나이가 놓여 있다

스무 살
앞만 보고 뛰었고

오십은
발 밑을 살핀다

젊음은 속도로 가고
노년은 균형이 필요

오래된 길을 걸으며
내 걸음을 묻는다

비빔밥

전주비빔밥 한 그릇
여러 빛깔의 나물이
중심에 계란 지단

고추장의 붉음과
고소한 참기름
가슴 뜨겁던 젊은 날

그때는 몰랐다
음식의 맛이란
함께 하는 앞사람

허기보다 체면이 앞서
서툴던 숟가락질
밥맛을 모르던 비빔밥

부곡하와이

이름만으로도
여름은 먼저 설레인다

파도는 더 높았고
간판은 반짝였다

물보라와 큰 웃음
젊은 추억의 장소

지금은 화려함 없이
내 기억과 달라져 있다

한강

돗자리 위에 가득 과자 더미
해 질 녘 웃음이
강바람에 실려 오고

함께 했던 순간들이
이제는 멀지만
내 안에 아직 출렁인다

시간이 흘렀어도
다시 그 자리에 서면
어릴 적 아이들의 모습이 보인다

맛

제주도에서 먹던 감귤
더 상큼한 기억

햇빛과 바닷바람 냄새
그곳에서 먹던

따뜻한 마음의 온도
나만의 맛이 된다

편리함

빨라진 속도만큼
생각도 깊어졌는지

도구는 진화하고
세상은 변하지만

성장들은 여전히
거친 길에 나뒹군다

불편 속에서
찾아내는 생각 깊은 삶

감정

건강한 감정은
관계를 가깝게 하고
파괴된 감정은
관계를 멀어지게 한다

버려야 할 것은
대상이 아니라
내 안에서 꿈틀 대는
못된 감정 습관

항구

바람이 먼저 닿는
배 가득한 항구에

배 옆구리 부딪히면
짠 냄새가 소리치고

떠남과 돌아옴이
시끌벅적 함께 노는 곳

푸른 물결 앞에서
마음의 닻 내리고 쉰다

착각

안다고 믿는 순간
언제나 틀렸다

보이는 것으로
알 수 없는 실체

확신의 옷을 벗고
살피는 안경을 쓴다

제육볶음

센 불 위
붉은 양념

얇게 썬 고기
양파의 단맛

고추장의 열기
지글지글 소리

깨어난 식욕
든든한 한 끼

메추리알

작은 새가 남긴
아주 작은 알

식탁 위에 놓여
가계를 돕는다

가성비 때문이 아닌
목이 메이지 않는 장점

얼굴

문 앞의 발소리
헬멧에 가려
보이지 않는 얼굴

차가운 바람을 가르고
비를 뚫고
음식을 건네받는 손

말없이 돌아서는 뒷모습에
성실함으로
일러주는 가르침

알탕

인기메뉴 알탕
망설임 없이
권했던 한 그릇

국물만 비우고
알은 남겨 둔
외국손님들

장사는
맛내기뿐 아니라
살피고 묻는 일

달라진 입맛

예전엔
짙은 양념과 자극에 끌렸다

이제는
심심한 맛이 좋다

짠맛보다 단백함
깊은 맛을 원한다

세월 따라 변하는 것이
입맛인가봐

뚝배기

날씨가 추워지면
뚝배기는 인기가 많다

끝까지 보글보글
작은 거품들이 가득 차고

박자를 맞춰
국물엔 깊은 맛이 담긴다

아침

눈이 많이 내린
이른 아침

시장이 열리기 전
이미 차들은 긴 행렬

헤드라이트가 눈 위에
작은 별을 만든다

부지런한 사람들이
눈 길을 마다 않고 선 행렬

행복 위한 성공

성공은
잠시 반짝이고

행복도
그 뒤를 따른다

높이 오르기보다
많이 웃자

웃음 성공으로
행복하자

가스불

작은 파란 불길이
어둠을 깨운다

불꽃이 순식간에 살아나
냄비 바닥을 데운다

세기를 낮추면
조용히 숨 고르고

가스불은
우리 가정의 희망이다

대학로

대학로의 밤은
젊음 시절의 체온을 품고

가난했지만
여러 꿈들이 넘쳤고

연극 막이 내린 뒤
친구와 돌아다니던

그 골목 어디에는
나의 스무 살이 서 있다

녹차

잔 속에
녹두색이 머물고

뜨거운 물이 채워지면
작은 연기를 피우고

차분해 지는
마음을 우려낸다

쓴맛 뒤에 오는
맑은 신선함으로

시간

기다려주지 않는
제한된 시간

해야 할 일보다
하지 않을 일을 후회하고

급한 것보다
중요한 것을 찾는다

골라낸 계획으로
내 시간을 맞춘다

항로

삶의 바다는 넓고
파도는 자주 바뀐다

계속 흔들릴 수는 있어도
표류해서는 안 된다

파도가 막아 서도
별을 보며 앞으로 전진

우주

밤하늘
점 하나가 된 나

그 작은 우주에
숨 쉬는 또 다른 것

멀리 있는 별
이미 도착한 빛

끝없이 확장되는
관계의 우주

인연으로 빚어진
나만의 우주

김치찌개

뚝배기 안에서
찌개가 끓는다

시큼한 김치와
모락모락 올라오는 김

그 음식은
어린 시절의 추억이 되고

잊지 못할
엄마표 김치찌개

실수

나는 또
조금 비뚤어졌다

말은 앞서 나가고
마음엔 후회가 남았다

후회로 패인 자리
밤은 길어지고

반복하는 실수에
자책하며 나를 달랜다

아주 작은 것

창가에 스친 햇빛 하나
국물 위에 맺힌 김 한 줄기

별것 아닌 말 한마디에
마음이 오래 머문다

삶은 거창한 겉모습보다
작은 것들로 채워지고

이 사소한 것이 모여
인생을 만들어간다

용기

떨리는 손으로도
문을 여는 일

모두가 멈춰 있을 때
혼자라도 한 걸음

넘어질 걸 알면서도
시도하는 마음

상처가 남아도
꿈을 접지 않는 태도로

완벽

완벽함은
흠이 없는 상태가 아니라

흠을 안고도
끝까지 해보려는 마음

넘어지는 것에
아랑곳하지 않고

멈추지 않는 집요함
그것이다

얻음

많이 얻고 싶다면
많이 줘야 한다

내 손에 가득 쥔 채로는
얻어지는 것이 하나도 없다

욕심을 내려놓을 때
더 넓은 관계가 만들어지고

편안함을 포기할 때
성숙이 시작된다

인식

세상을
바꾸는 것이 아닌

보는 관점을
바꾸는 것

같은 장면을
재해석하는 일

진면목을
살피는 것

몰입

손끝이 움직이는 동안
시간은 천천히 숨고
머릿속 소음은 사라진다
눈앞의 세계만 선명하다

한 호흡, 한 마음
움직임과 생각이 겹쳐
나의 세계가 넓어지고
나다운 흐름 속에 살게 된다

선택

나이는
막을 수 없지만

성장은
내가 고르는 길

주름의 깊이는
내가 만든다

시간에
맡기지 말고

한 뼘 더
자라기로 한다

지금

그때는
길 위에서 멈춰 서 있던 그림자
두려움이 잡은 발걸음

지금은
세월이라는 바람이 지나고
점차 뚜렷해진 길 앞에

힘써 달려갈
기운을 모으며
끝까지 앞을 응시하리라

결심

붙잡는 힘이 아니라
버려야 할 것을
끊어내는 결심

계속하는 힘이 아니라
불필요한 것을
잘라내는 힘

변명을 없애고
나태함을 버려
미루지 않게 사는 것

돛

할 수 없는 것은
쳐다보지 말고

할 수 있는 것에
집중하자

바람은 못 바꿔도
돛의 방향을 바꿔

내 힘으로 걸을 수 있는
나의 길을 만들자

두려움

심장이 먼저 뛰고
발이 동동 굴러도
서두르지 않는
내가 되리라

두려움 때문에
멈추라는 것이 아니라
더 철저한 준비로
나아가는 계기

선명함

의심은
끝없이 파고든다
그래서 나는
모든 답을 찾으려 하지 않는다

붙잡지 않고
내려놓는 순간
의심은 물러나고
모든 게 선명해진다

요리

요리는
센 불과 약한 불 사이에서
답을 찾는 일

삶도
빠름과 멈춤 사이에서
다듬는 일

셀프 반찬

드실 만큼만
각자의 손으로 담는다

들고 가시는 것만큼
다 드셨으면 한다

남김 없는 빈그릇에
감사함이 느껴지고

만족하셨다는 의미가
우리에게 행복이 된다

잡채

투명한 면발을
버무려
색색의 맛을 섞는다

당근의 주황
시금치의 초록
맛있는 고기 색깔

각자의 맛이
서로를 밀치지 않고
부드럽게 어울린다

따뜻함은 남는다

스쳐간 말 한마디가
추위를 녹이는 온기처럼
오래도록 마음을 덥힌다

주고받음도 없는데
머물다 간 자리에는
따사로움이 남아있다

서로를 잘 알지 못해도
가끔 서로를 도와
생활을 거든다

서로의 양보와 배려
먼저 내민 손길의 감사
따뜻함이 번져온다

사람과 사람 사이에
따뜻해지려는 마음은
누구나가 바라는 것

6

따뜻함은 남는다

초판 1쇄 발행 2026년 3월 5일

지은이 박미령
펴낸이 권지현
펴낸곳 이음과펼침
책임편집 이음과펼침 편집부

출판등록 2025년 7월 21일 제2025-000129호
주소 서울시 서초구 양재동 392-3, 202B
이메일 connectnbloom@gmail.com
원고투고 connectnbloom@gmail.com
홈페이지 www.connectnbloom.com

ISBN 979-11-24329-16-0(03810)

· 가격은 뒤표지에 있습니다.

· 파본은 구입하신 서점에서 교환해 드립니다.